AF267114

LETTRE AU SÉNAT

Imprimerie de BEAU, à Saint-Germain-en-Laye.

LETTRE

AU SÉNAT

PAR

LE COMTE D'HAUSSONVILLE

PARIS,

H. DUMINERAY, ÉDITEUR,

78, RUE RICHELIEU,

Et chez les principaux Libraires de Paris, de la France,
et de l'Étranger.

1860

LETTRE AU SÉNAT

Messieurs,

J'ai l'avantage de vous connaître tous, ou du moins presque tous. Vous avez, pour la plupart, été mes collègues quand j'étais Député. Lorsqu'ils siégeaient, plus occupés que rétribués à la Chambre des pairs, beaucoup d'entre vous m'honoraient de quelque confiance. S'il m'était donné de vous rencontrer sur le pied de l'ancienne familiarité, j'aimerais à causer intimement avec vous des affaires publiques et de votre rôle dans l'Etat.

Dès l'origine, et dans tous les temps, selon la pensée du législateur de 1852, ce rôle de-

vait être très-considérable. Peu enclin à se
faire illusion sur la nature humaine et tenant
grand compte de ses faiblesses, l'Empereur a
voulu, pour s'assurer de votre part un contrôle efficace, garantir avant tout votre pleine
indépendance. Il a donc eu le soin de ne vous
laisser rien à désirer, rien à craindre. Le conseiller d'Etat peut souhaiter d'être fait séna-
teur ; plus d'un député se voit conseiller d'E-
tat dans ses rêves. Pour vous, Messieurs, il
vous serait difficile de vous élever plus haut
dans la hiérarchie des pouvoirs aussi bien que
dans la considération publique. Cette situation
éminente est en outre entourée d'une entière
sécurité. Vous n'êtes sujets à aucune réélection ;
vous pouvez braver, si votre conscience l'or-
donne, tous les mécontentements du Pouvoir.
Arrivés au port, vous contemplez avec sécurité
les orages de la vie politique ; et votre fermeté
civique, sans en devenir pour cela moins mé-
ritoire, ne peut être accompagnée d'aucun
genre d'ennui ; elle ressemble, en ce point,
à la vertu des bienheureux, qui ne leur coûte
rien. Aussi les yeux de tout bon Français qui

a parcouru la Constitution de son pays, et qui lit habituellement le *Moniteur*, s'arrêtent-ils avec une complaisance particulière sur les articles qui vous concernent : C'est là, s'écrie-t-on avec quelque gratitude, c'est dans cette puissante et incorruptible assemblée, que la prévoyance désintéressée du législateur a pris soin d'élever, contre les excès éventuels de sa propre autorité, une infranchissable barrière. Rien de plus important, en effet, que vos attributions.

« Le Sénat, dit un rapport de M. le Ministre de l'in-
» térieur, peut suggérer au gouvernement toutes les
» grandes mesures d'utilité publique : il entend les
» pétitions des citoyens, il examine la situation du pays,
» il recherche ses besoins, il étudie les perfectionne-
» ments de son organisation, il signale les réformes
» utiles, il propose les améliorations réelles (1). »

Mais le gouvernement ne s'est pas contenté de vous rappeler vos devoirs : il a pris soin de vous mettre à même de les remplir. Sachant que, dans la pensée de l'Empereur,

(1) Rapport du Ministre de l'Intérieur à l'Empereur (*Moniteur* du 11 février 1856.)

     LETTRE AU SÉNAT.

« Le droit d'initiative conféré au Sénat par l'art. 30 de
» la Constitution ne doit pas être une prérogative nomi-
» nale et stérile pour le bien du pays, »

il fait imprimer chaque année, pour votre
usage particulier, l'analyse des vœux des
Conseils généraux, afin que

« Ce tableau vivant des besoins, des désirs et des ré-
» clamations présente incessamment à votre sagesse les
» plus utiles indications pour cette recherche des pen-
» sées d'amélioration et de progrès pratiquées que la
» constante sollicitude de Sa Majesté impose à tout son
» gouvernement, mais qui a été plus expressément con-
» fiée par la Constitution à l'initiative du Sénat (1). »

Ce n'est pas tout. Inquiet de savoir si
vous aviez parfaitement compris votre mission,
le même *Moniteur* vous a recommandé de
ne pas vous endormir sur la foi de la félicité
universelle ; et, comme à voyager l'on de-
vient plus instruit, il vous a conseillé de dé-
penser vos traitements sur les routes, de courir un peu le pays, afin d'étudier sur place,
et, quand vous vous en serez bien pénétrés,
afin de rapporter fidèlement au Prince les
moindres mouvements de cette opinion publi-

(1) *Moniteur* du 11 février 1856.

que qu'il lui importe tant de connaître (1).

Une seule prérogative vous manquait. Vos débats ne jouissaient que d'une publicité intermittente. Vous ne pouviez mettre toujours le public dans la confidence de vos excellentes intentions, et vos sages avis n'avaient point chance de se fortifier du tout-puissant concours de l'assentiment universel. Aujourd'hui l'interdit est levé. Non-seulement le Chef de l'État vous autorise, mais il vous convie à vous adresser publiquement à lui. Il est avide de savoir ce que vous pensez de la politique intérieure et extérieure de l'Empire. Ces discussions toujours si longues, quelquefois un peu vides, qui inauguraient autrefois nos sessions législatives, et qui ne sont peut-être pas ce qu'il y a de plus à regretter dans l'ancien système parlementaire, ne l'effrayent à aucun degré. Afin que vos consciences soient mieux éclairées, il veut que des ministres sans portefeuille, ayant le rang et le traitement des ministres et comme eux logés aux frais de l'État, soient, pendant toute

(1) *Moniteur* du 11 janvier 1856.

la durée des sessions, uniquement occupés à vous donner toutes les explications que vous jugerez nécessaires.

Quoi de plus sage, en effet, quoi de plus utile, et peut-être faudrait-il ajouter quoi de plus nécessaire pour le Chef de l'Etat que de vous provoquer à lui dire incessamment sur toutes choses la vérité tout entière ! S'il ne l'obtient de vous, d'où lui viendra-t-elle? Les ministres chargés d'exécuter ses ordres sont dispensés de les contrôler. Le Corps législatif, admis comme vous à voter des adresses, n'a pas recouvré l'initiative politique. La presse française, même après le décret du 24 novembre, reste malheureusement divisée en rares journaux indépendants qui hésitent à donner des avertissements de peur d'en recevoir, et en feuilles soumises ou chèrement entretenues par de riches capitalistes. Héritiers des prérogatives autrefois partagées entre les ministres, le Corps législatif et la presse, vous êtes aujourd'hui les uniques conseillers d'un Souverain qui s'est hautement déclaré seul responsable devant la nation (1).

(1) Préambule de la Constitution.

Les dangers de cette responsabilité font l'importance de vos fonctions. Plus elle est effrayante à imaginer, plus elle serait terrible à mettre en jeu, plus l'Empereur est fondé à réclamer vos avertissements, et plus vous êtes tenus de lui indiquer les améliorations réelles. Il est fort naturel qu'elles vous échappent et que pour les découvrir un peu d'assistance ne vous soit pas inutile. Dans la sphère où vous êtes placés, vous ne voyez guère près de vous que consentement et satisfaction de tous genres. A juger par vos alentours (comme nous le faisons tous ici-bas), la France doit vous sembler une Salente parfaitement réglée où tout va bien, dans laquelle, du moins, rien ne saurait aller mieux. A vouloir même regarder un peu plus avant, à parcourir nos provinces en *missi Dominici* d'un nouveau Charlemagne, ne risquez-vous point de revenir près du Maître les mains plus chargées de pétitions intéressées, que de renseignements véridiques ? Vous participez trop de sa grandeur, pour entendre, non plus que lui, de bien sincères révélations. Voilà pourquoi, Messieurs,

vous ne trouverez pas mauvais si restés, par
dignité personnelle, en dehors des affaires, dé-
sireux toutefois de se rendre utiles à leur pays,
décidés à ne s'écarter jamais envers vous des
égards que M. le comte Persigny veut bien,
avec un juste et honnête sentiment des situa-
tions respectives, réclamer pour eux-mêmes
un petit nombre de sincères partisans de la liberté politique, tout en réservant l'indépendance de leurs allures et de leurs opinions
particulières, se sont mis d'accord pour vous
aider de leur mieux à remplir la portion la
plus délicate de votre importante mission, je
veux dire : à vous servir de votre initiative.

Cette initiative est votre plus beau rôle.
Vous n'en avez pas usé dans une circonstance
récente. L'Empereur a été plus libéral que
vous. Aucune discussion du Sénat n'avait fait
pressentir la création des ministres sans portefeuille, et l'autorisation de publier vos séances
dans le *Moniteur*. Peut-être est-il de votre
intérêt, il est certainement de votre devoir,
de contribuer à perfectionner une œuvre à
laquelle vous n'avez pas contribué. Il ne vous

échappera pas, Messieurs, que ces réformes, excellentes en elles-mêmes, ont surtout le mérite d'être un commencement. C'est ce qu'ont dit dès le premier jour les journaux les plus enthousiastes. Ils ont même été jusqu'à considérer une certaine liberté de la presse comme la conséquence nécessaire du décret du 24 novembre.

C'est donc à vous, Messieurs, qu'il appartient de seconder l'auteur du décret dans l'achèvement de son œuvre; c'est pour cette tâche que nous voulons vous apporter notre loyal concours; et ce n'est pas vous qui nous accuserez de coalition, parce que le goût des réformes libérales nous a réunis, dans ce but, des points divers de l'horizon. Bien au contraire, il nous semble que cette circonstance doit nous rapprocher de vous, et nous permettre de nous adresser au Sénat avec plus de confiance, puisque nous sommes un peu composés à son image. Nous comptons comme vous dans nos rangs des personnes de tous les partis : c'est un point de contact entre nous. Chacun de vous peut, en effet, reconnaître parmi nous

ses anciens collègues, et distinguer ainsi, parmi
nos voix, celles qui lui sont le plus familières.
Comment M. de la Rochejacquelein serait-il
tout à fait sourd à la parole éloquente de
M. Berryer ? Comment les convictions libérales
de M. Odilon Barrot auraient-elles perdu tout
crédit sur M. Billault et sur M. Barthe ? Comment l'honnête accent de M. Jules Simon
pourrait-il être tout à fait oublié de ses anciens collègues à l'Assemblée constituante et
au Conseil d'Etat ? Si notre prétendue coalition
ne peut avoir pour résultat que de rendre nos
relations plus naturelles, et ne peut être qu'un
titre à vos yeux, que dirai-je de cette prétendue conspiration dont on nous accuse ? Pouvez-
vous entendre un si grand mot sans sourire,
vous qui, mêlés pour la plupart à la politique
de nos divers régimes, devez, bon gré mal
gré, vous connaître en conspirations et en
conspirateurs ! Vous savez, mieux que personne, que ce triste nom de conspirateurs ne
convient pas à d'honnêtes gens qui disent tout
haut ce qu'ils pensent, et qui, prenant au pied
de la lettre les promesses solennellement faites,

réclament par les moyens légaux, à leurs ris-
ques et périls, d'une voix modeste et ferme,
l'extension des libertés publiques et l'amélioration des lois de leur pays. Un conspirateur,
Messieurs, c'est celui qui veut troubler l'Etat
par la force et par la ruse ; c'est celui qui tente
par de l'argent et par des promesses la fidélité
des soldats pour les induire à tourner les armes
contre la loi. Un conspirateur, c'est le ministre
qui sert un gouvernement et qui en attend ou
en prépare un autre ; c'est le magistrat qui
médite la condamnation de ceux au nom des-
quels il rend la justice. Fouché, pendant les
Cent-Jours, était un conspirateur ; le magistrat
qui osa dire, au nom de la Cour suprême, que
les vœux de sa compagnie n'avaient cessé sous
l'Empire d'appeler les rois légitimes, était un
conspirateur. Cette lettre vous paraîtrait bien
longue, Messieurs, si j'essayais de vous indiquer tous les autres ; mais aucun d'eux n'é-
chappera au jugement de l'histoire.

Il suffit, d'ailleurs, de lire les titres de nos
publications pour reconnaître le caractère pa-
cifique des idées qui nous occupent. Plusieurs

de ces publications ont déjà paru ; il en est même une qui a paru et disparu presque en même temps, et dont les exemplaires ont été, en un seul jour, très-inégalement partagés entre le public et les agents de l'autorité. De celle-là, nous ne devons rien dire ; mais d'autres ont circulé sans obstacle, et vous avez pu les juger. Aurions-nous eu tort d'appeler l'attention du public sur notre colonie d'Afrique, et de réclamer certaines réformes dont plusieurs sont maintenant acceptées du gouvernement, et viennent de recevoir, par le décret du 24 novembre, une si éclatante consécration. Après que vous en aviez solennellement délibéré, attirés vers ce sujet par l'éclat donné à l'une de vos discussions, nous avons osé dire un mot, à notre tour, sur le rôle qui revient à l'Etat dans les choses de la religion, et s'il faut tout avouer, nous ne nous sommes trouvé d'accord avec aucun de vos illustres orateurs. C'est sans doute un malheur, à coup sûr ce n'est pas un crime ; nous sommes persuadé que vous ne nous en voulez point.

Pourquoi serions-nous plus mal venus à

tâcher d'appeler également votre attention sur
d'autres sujets dont le public se préoccupe à bon
droit, et dont chaque jour, n'en doutez pas, il
se préoccupera davantage? Et, par exemple, ne
souffrirez-vous pas que noûs vous entretenions
d'une illustre infortunée qui, si l'on s'en tient
aux lois écrites, n'a point encore participé aux
récentes bonnes grâces du Chef de l'Etat ; qui a
eu des jours si brillants, qui a fait, il est vrai,
bien des folies, mais qui expie aujourd'hui plus
durement qu'il ne convient sa gloire et ses faiblesses? C'est au sort de la presse française que
nous voudrions intéresser votre justice. Elle vi-
vait jadis dans l'intimité de Benjamin Constant,
de Châteaubriand, de Carrel et de quelques
autres personnes distinguées dont la fréquen-
tation lui faisait grand honneur. On l'écoutait
avec attention par toute l'Europe, non-seulement à cause de l'éloquence ou de la finesse
aiguë de ses discours, mais encore, et surtout,
parce qu'on y cherchait la fidèle image de
notre esprit public, et qu'elle semblait parler
au nom d'un grand peuple. Ce n'est rien vous
apprendre, à coup sûr, que de vous dire que

jusqu'à la veille d'une toute récente circulaire,
parmi les journaux, les uns gardaient le silence,
et ceux qui parlaient avaient changé en même
temps de ton et de compagnie, et non pas à leur
avantage. Osons même ajouter, bien entre nous,
qu'une partie de cette presse sentait parfois le
tripot et trop souvent l'antichambre, et que la
mauvaise fortune avait gâté ses manières en
même temps qu'elle diminuait son cœur.

Est-ce à dire qu'elle eût perdu toute influence sur le monde et qu'elle ne fût plus
écoutée par personne ? Bien au contraire, les
rois et les peuples lui prêtaient une oreille at-
tentive ; et l'on pourrait citer tel article de
M. Boniface, tel article de M. Grandguillot,
tel article même de M. Guéroult qui a fait,
par toute l'Europe, l'effet d'un tremblement
de terre. Qu'est-ce donc si l'on entrevoyait dans
quelques colonnes énigmatiques la trace redoutable de la plume de M. de la Guéron-
nière? Aussitôt les aides-de-camp se précipi-
tent, les ordres volent par le télégraphe, les ca-
nons remplacent les voyageurs sur les chemins
de fer du continent ; et l'on voit s'épaissir en-

core la noire fumée qui sort des arsenaux de
l'Angleterre. Telle est encore la puissance
presque magique des journalistes français.

Mais leur gloire égalait-elle leur puissance? Tenaient-ils de leur propre mérite et
de leur propre fonds, ce don d'agiter les
hommes et les choses? Est-ce à force d'art
qu'ils intéressaient ainsi tout le monde, et
la postérité, en lisant leurs écrits, se ren-
drait-elle par là même un compte suffisant
de leur influence? Nul n'ose le prétendre, et
ces modestes écrivains moins que personne.
Ils laissent à l'âne chargé de reliques ces illu-
sions ridicules; ils savent qu'hier encore il
s'agissait moins pour eux de dire ce qu'ils
pensaient que de deviner comment il conve-
nait de penser. C'est parce qu'ils avaient des
maîtres qu'ils avaient des lecteurs, et ils le
savent. C'est de leur docilité même, c'est de
leur empressement à suivre le Pouvoir, et s'il
le faut à le devancer dans les divers sentiers
de sa politique, que leur venait leur triste
autorité. Insignifiants quand il s'agissait de
nos affaires intérieures, redoutables dès qu'ils

touchaient à nos affaires étrangères, parce que les peuples de l'Europe s'obstinaient à chercher dans leur langage ce qu'ils avaient à craindre ou à espérer du gouvernement français, c'en eût été fait de leur crédit si l'on eût cru un instant à leur indépendance. Aujourd'hui que, sur l'invitation de M. de Persigny, tout va changer, ils risquent de devenir aussi invisibles que la lune lorsqu'elle n'est pas éclairée des rayons du soleil.

Mais cette tolérance intelligente, si grande qu'elle soit, ne suffit point pour rendre à la presse son autorité ; une loi serait nécessaire pour l'affranchir de la suppression, de la suspension, de l'avertissement officiel, et surtout de ces avertissements officieux qui ne sont point écrits dans la loi, et qui, dans la pratique, gouvernaient les journaux plus étroitement que la loi. Que ce vœu soit accompli, et bientôt, Messieurs, le Chef de l'Etat entendra s'élever la voix de la presse française, faible d'abord comme celle d'une personne longtemps malade et encore languissante, puis un peu plus forte et enfin assez claire pour arriver jusqu'à son oreille. Doutez-vous qu'à demi affranchie, comme elle vient de l'être, elle ne lui soit déjà une source d'informations plus sûre et plus utile que les harangues officielles qui l'accueillent à ses moindres déplacements pour l'instruire si l'on veut, mais pour l'instruire sans lui déplaire. · Hélas ! c'est à ces mêmes endroits et quelquefois par les mêmes bouches, que cette éloquence de voyage a tant de fois assailli ses prédécesseurs, et nous savons comme elle les a tous trompés. C'étaient alors des relais de poste, ce sont aujourd'hui des stations de chemin de fer. Mais on y parle, après tout, la même langue, en y faisant les mêmes saluts; et Sa Majesté, qui a jadis daté de Ham plus d'une page hardie, sait mieux que personne qu'un article de journal écrit sans la crainte du préfet ou du Ministre de l'Intérieur devant les yeux, est autrement instructif et intéressant qu'un gros volume de ces discours officiels.

Vous nous saurez donc gré, Messieurs, de vous indiquer, dans quelques-uns des travaux que nous nous proposons de publier, les

moyens d'affranchir définitivement et légalement la presse sans ébranler l'Etat. Mais en
attendant l'heureux résultat de nos recherches
et de votre assentiment qui doit les seconder,
vous ne trouverez pas mauvais que nous com-
mencions, *ab Jove principium*, par étudier notre Constitution elle-même (1).

Voici plus de huit années que la Constitution
fonctionne ; nous voudrions l'analyser respec-
tueusement et chercher comment on pourrait,
sans lui faire violence, étendre les garanties
qu'elle contient, appliquer les principes qu'elle
proclame et en tirer enfin la liberté promise.
Au premier rang des questions que cet examen
soulève, nous trouvons le suffrage universel,
dont l'usage tend à devenir, hors de nos frontières, aussi fréquent qu'il l'est chez nous.
Nous n'avons aucune envie d'en médire ; nous
ne pouvons qu'être fiers de voir une invention
toute française commencer ainsi son tour du
monde ; et lorsque nous voyons les souverains
légitimes renversés les uns sur les autres par

______

(1) *La Constitution de 1852 et le Décret du 24 novembre 1860*, par M. de Lavergne.

ce puissant instrument de destruction, exposé longtemps avant qu'on eût l'idée de s'en servir, dans les bureaux de la *Gazette de France*, nous ne pouvons nous empêcher de reconnaître quelque justice dans cette ironie du sort.

Partie intégrante et fondamentale de notre Constitution, le suffrage universel est au-dessus de toute atteinte; mais n'y a-t-il rien à faire pour lui assurer parmi nous un jeu plus facile et plus sûr? pour augmenter surtout aux yeux de tous les citoyens l'importance de leur droit de suffrage et leur puissant intérêt à l'exercer? N'êtes-vous pas, en effet, surpris et affligés comme nous, Messieurs, de l'indifférence témoignée psr un si grand nombre de communes pendant les dernières élections municipales? Combien de conseillers municipaux n'ont été nommés qu'au second tour de scrutin et à des majorités si faibles qu'ils ne peuvent vraiment s'enorgueillir d'une telle victoire? N'est-il pas bon de se demander pourquoi, dans la plupart des villes où la lutte s'est sérieusement engagée, comme à Bordeaux, à Nancy, à Lisieux, à Villefranche, et dans maint endroit, les candidats de l'administration n'ont passé qu'en partie; ou pourquoi ils sont, ailleurs, restés tous dehors? Au point de vue du respect dû à l'autorité, n'est-il pas utile de s'enquérir quelle est, à l'égard de leurs administrés, la situation des fonctionnaires qui ont été battus dans la personne de leurs candidats? Est-il bien sûr qu'il soit indispensable et surtout est-il juste que les maires soient nommés par le gouvernement la veille même de l'élection, au lieu d'attendre que l'élection ait formé le conseil municipal duquel ils devraient eux-mêmes sortir? Est-il sage de mettre une commune dans la triste alternative de choisir, bon gré, mal gré, un conseil municipal dans lequel le maire, nommé d'avance, puisse se trouver à l'aise; ou d'entourer ce maire de conseillers hostiles, de telle sorte qu'une dissolution du conseil municipal devienne indispensable et qu'il faille compter parmi les communes de France une commission municipale de plus?

Mais, par-dessus tout, Messieurs, nous voudrions appeler votre attention la plus sérieuse sur des irrégularités du genre de celles qu'a récemment et honnêtement constatées le conseil de Préfecture des Bouches-du-Rhône. Peut-on apprendre sans surprise et sans regret que dans cette grande cité de Marseille, le lendemain même du passage de l'Empereur, une foule de faux électeurs sans droit, ou votant sans être inscrits, ont pu altérer le résultat du vote au point d'arracher au conseil de Préfecture, organe accoutumé de l'administration, un arrêt aussi sévère et aussi fortement motivé que celui du 20 septembre 1860 ? Veuillez remarquer, Messieurs, que si la majorité du conseil de Préfecture des Bouches-du-Rhône s'était trouvée composée de ces hommes si nombreux dans notre pays, qui ont pour principe qu'il faut avant tout fuir l'agitation, éviter le scandale et ne créer aucun genre d'embarras à l'administration, nous n'aurions jamais su la vérité sur les élections de Marseille. Quel journal, en effet, quel particulier se fût hasardé à la dire, et avec quelle chance de succès aurait-il été possible d'attaquer ce scrutin mensonger ?

Tout s'oublie si vite en ce pays, et nos propres affaires tiennent si peu de place dans nos imaginations toujours remplies des événements du dehors, que la fameuse brochure de M. Le Beschu de Champsavin sur l'élection de l'arrondissement de Vitré, est sans doute sortie de presque toutes les mémoires. Vous seuls, Messieurs, gardiens vigilants de nos institutions, vous n'avez pu oublier la curieuse protestation du conseiller de la Cour de Rennes. Nous sommes certain qu'elle est sur le bureau de la plupart d'entre vous et qu'elle a été l'objet de votre sérieux examen. A l'époque où parut cette brochure, un journal fit remarquer qu'en présence de faits si graves et si nombreux, attestés sur l'honneur par un membre de Cour souveraine, il fallait de toute nécessité qu'on vît de deux choses l'une : ou le magistrat descendre de son siége pour rendre légalement compte des diffamations les plus précises et les plus odieuses qu'un citoyen ait pu se permettre contre un fonctionnaire public; ou bien que ce fonctionnaire public lui-même fût poursuivi et puni pour avoir commis les actes les plus capables d'altérer parmi nous la sincérité

du suffrage universel et d'en rabaisser l'exercice
au rang d'une indigne comédie. On n'a cependant vu ni l'une ni l'autre de ces deux choses.
Fonctionnaire et magistrat, accusé et accusateur sont sortis sans blessures de ce combat
mortel, et un conflit où il semblait impossible
que quelqu'un n'eût pas gravement tort, s'est
tranquillement terminé comme si tout le monde
avait eu raison. Non, Messieurs, il n'est pas
terminé, puisqu'on peut en appeler à votre
conscience et à votre justice, puisqu'on peut
vous demander à vous, chargés spécialement
de la défense des lois, pourquoi la loi n'a point
suivi son cours contre la prévarication du fonctionnaire ou contre la calomnie du magistrat.

Faut-il vous rappeler enfin cette célèbre
élection de M. Migeon, qu'un illustre avocat
a cru pouvoir appeler un fragment de miroir
brisé dans lequel la France pouvait se contempler elle-même ? Nous voulons seulement vous
demander, Messieurs, comment le pays et
comment le Sénat lui-même aurait pu, dans
la condition où se trouve la presse, connaître
ce grand scandale, si le gouvernement, qui ne

voulait plus de la collaboration de M. Migeon à l'œuvre législative, ne s'était chargé d'établir lui-même, avec une redoutable surabondance de preuves, l'indignité de son ancien candidat et l'irrégularité de sa nouvelle élection.

Si nous avons le dessein, Messieurs les Sénateurs, d'insister sur ces déplorables souvenirs, ce n'est point, veuillez bien le croire, que nous soyons animé d'aucun mauvais sentiment contre le suffrage universel. C'est, au contraire, parce que nous le croyons entré dans nos mœurs et uni désormais à nos destinées, que nous voudrions le rendre tout à fait digne et capable de servir d'organe incontesté à la volonté d'un grand peuple. Vous vous souvenez comme nous du temps où les élections pour nos assemblées législatives étaient l'œuvre d'une partie restreinte, et, selon nous, beaucoup trop restreinte de la nation. Nous avons abandonné sans regret inutile, sans arrière-pensée coupable, ce système qui, avec tous ses défauts, assurait pourtant une certaine prépondérance et une intervention constante dans nos affaires à la partie la plus réellement indépendante et la plus éclairée du pays ; mais nous avons au moins quelque droit de désirer que l'exercice du suffrage universel soit libre et sincère. Nous vous signalerons donc avec constance les obstacles que cette liberté et cette sincérité peuvent parfois rencontrer : mais là s'arrête notre tâche ; la vôtre, plus difficile peut-être, mais plus brillante, est de détruire ces obstacles et d'empêcher qu'ils ne soient relevés.

Quoi de plus digne d'attention, Messieurs, que les finances d'un grand pays, en ce siècle où la question d'argent a pris dans la politique des Etats aussi bien que dans la vie des particuliers, le pas sur presque toutes les autres ? Quand le régime actuel s'est inauguré sous cette devise justement célèbre : *L'Empire, c'est la Paix !* une des principales espérances offertes au public était de voir les rentes monter jusqu'au pair. Entre la cote des fonds anglais et des fonds français, l'écart habituel n'est pas moins de 30 pour cent. La dette de l'Angleterre, bien que nous ayons emprunté plus de deux milliards depuis cinq ans, est plus

lourde que la nôtre ; nos ressources de toute
nature égalent, si elles ne surpassent, celles
de nos voisins. Pourquoi dès lors cette différence entre le crédit des deux gouvernements? Provient-elle des vices de notre système financier? Serait-il possible de l'attri-
buer à l'absence d'un contrôle efficace? Pourrait-on enfin soupçonner un certain défaut de
confiance dans notre stabilité politique d'être
la cause de cette différence? Toutes ces questions méritent d'être examinées en détail, et
le moindre contribuable a strictement le droit
de contrôler, selon ses lumières, le budget
qu'il alimente en proportion de ses ressources.
C'est là un sujet sur lequel nous croirons utile
de revenir souvent.

Nous nous reprocherions aussi de laisser
de côté les affaires si importantes de la ville de
Paris, ces emprunts, ces maniements et re-
maniements de fonds, ces achats et ces ventes
de terrain qui ont une action diverse sur tant
de fortunes et sur tant d'existences, et qui
préoccupent si légitimement l'opinion publique. Voilà, Messieurs les Sénateurs, ce qui est

de votre domaine; et de même que vous devez chercher les moyens d'améliorer nos lois, vous devez veiller à cette sage et honnête administration des finances qui touche également et de si près, à la force et à l'honneur de la nation.

Mais il y a quelque chose de plus important encore que l'amélioration des lois et la bonne gestion des finances, c'est l'état moral d'un pays. Quand à une ère de liberté peut-être excessive, a succédé un système où le principe de l'autorité domine presque exclusivement, lorsque ce nouvel état des choses a duré près de neuf années, il est opportun d'étudier quels changements l'empire des faits nouveaux a introduits dans les habitudes et dans les penchants des diverses classes de la société. On voit les allures et parfois le caractère même d'un peuple se modifier profondément avec ses institutions. Autres étaient les mœurs des Romains sous la République, ou pendant le règne de César et des successeurs de César. Chaque régime politique a des inconvénients qui lui sont

propres, qu'il faut, par raison, accepter avec
ses avantages, contre lesquels il faut aussi,
par conscience, réagir courageusement. Le
dégoût des folles licences, l'ennui des tur-
bulences populaires, ont fait naître chez
beaucoup d'honnêtes gens fort éclairés le
goût passionné de l'ordre matériel, et une
sorte d'amour effréné pour la force bien
organisée. Rien de plus naturel. Ils cesse-
raient cependant d'être aussi éclairés et
même simplement honnêtes s'ils arrivaient à
se figurer que tout est désormais pour le
mieux, parce que la tranquillité règne dans
la cité et la consigne dans les corps-de-garde.
Ce n'est pas à vous, Messieurs, qu'il est besoin d'apprendre qu'il y a une certaine apa-
thie inerte qui est plus fâcheuse que la plus
vive agitation, comme il y a un désordre des
esprits plus dangereux que celui même des
rues. C'est la portion la plus fine de l'art de
gouverner, que d'agir indirectement, d'une
façon détournée, par le conseil, par la
persuasion, et surtout par l'exemple, sur les
tendances des générations de son temps. Il

serait parfaitement injuste, je me hâte de le
dire, de rendre le Pouvoir responsable des
maux auxquels il ne peut rien. Dieu me
garde de tomber dans cette ridicule manie et
de mettre à son compte, comme c'était assez
l'usage sous d'autres gouvernements, la pluie,
la grêle et les inondations. Mais d'autres fléaux,
qui ne viennent pas des éléments, travaillent
notre société moderne, et nous prendrons la
liberté d'examiner si, au lieu de les combattre
et de les atténuer, les moyens mis en usage
depuis une dizaine d'années n'ont pas contribué à les aggraver. La population française,
qui avait toujours augmenté depuis 1814,
tend tout à coup à diminuer. Le nombre des
morts excède chez nous celui des naissances.
Ne pourrait-on pas imputer, trop justement,
ce fait si grave et si nouveau, en partie au dé-
veloppement croissant de nos armées, qui
oblige à appeler sous les armes et à retenir
si longtemps loin de la famille l'élite de nos
enfants, en partie au dépeuplement de nos
campagnes ? Les populations agricoles déser-
tent les champs pour les manufactures ; nos

départements se déversent sur Paris immensé-
ment agrandi, bouleversé dans tous les sens,
follement embelli, où le luxe le plus effréné
coudoie, à chaque pas, la misère la plus na-
vrante, où s'accumulent des masses d'ouvriers
qu'il faudra peut-être, un jour, laisser sans
ouvrage si on n'aime mieux les constituer en
ateliers nationaux. Encore une fois, il y a ici
la part de l'inévitable, nous la ferons ; mais il
faut aussi signaler les conséquences désas-
treuses de beaucoup de fausses mesures, et
d'une impulsion exagérée donnée à des besoins factices ; nous n'y manquerons pas.

Ce que nous ferons tout de suite, Messieurs,
car il dépend de vous d'y porter immédiate-
ment remède, c'est d'appeler votre plus vive
sollicitude sur quelque chose qui a toujours
particulièrement répugné à la France, sur une
loi toute provisoire et toute d'exception : la loi
qu'on appelle de *sûreté générale*. J'entends
dire, de toute part, que cette loi est abolie de
fait par l'amnistie de l'année dernière. Vous
savez, mieux que personne, qu'il n'en est

rien, et si par hasard vous en doutiez, vous avez dans votre sein plus d'un jurisconsulte capable de vous en instruire. Consultez M. Dupin, par exemple. Versé dans l'interprétation variée de nos lois, il vous dira aussitôt que la loi de sûreté générale contient deux parties bien distinctes : la première relative aux personnes qui avaient été, antérieurement à cette loi, l'objet de certaines condamnations ou mesures administratives ; la seconde relative aux personnes qui seraient à l'avenir condamnées pour certains délits communs, prévus par le Code pénal, ou pour certains délits nouveaux créés par la loi de *sûreté générale* elle-même. Ce sont toutes ces personnes anciennement ou nouvellement condamnées, qui tombaient naguère sous le coup de la loi de sûreté générale, et qui pouvaient, en conséquence, être sommairement déportées, exilées ou internées sur un point quelconque du territoire.

L'amnistie a fait nécessairement disparaître la première partie de cette loi ; mais la seconde reste en pleine vigueur, et chaque jour voit s'accroître, par la force même des choses, le nombre des citoyens qu'elle peut légalement atteindre selon le bon plaisir du gouvernement. En effet, il n'est pas besoin, pour tomber sous le coup de cette loi, d'être condamné pour les délits nouveaux qu'elle a créés, tels que les manœuvres et intelligences ayant pour but d'exciter à la haine et au mépris du gouvernement : nullement; il suffit d'avoir été condamné en vertu de certains articles du Code visés dans la loi de *sûreté générale*, pour tomber de plein droit sous son application. Certains délits de presse, le fait si fréquent d'une rébellion quelconque envers les agents les plus humbles de la force publique, entraînent cette terrible conséquence, et l'ivrogne qui s'est battu avec un sergent de ville, et qui a fait ses huit jours de prison, peut se voir à l'expiration de sa peine déporté, banni ou interné sans avoir légalement le droit de se plaindre.

Nous sommes loin de croire qu'on prodigue ces terribles peines à la suite de condamnations si légères, mais ce pouvoir immense n'en existe pas moins au milieu de nous; il existe jus-

qu'au 31 mars 1865, à moins que votre sagesse n'en hâte le terme. Mais, tant qu'il dure,
il nous semble que le soin d'en surveiller l'application ne devrait vous laisser aucun repos,
et tenir en éveil votre conscience. Non-seulement, en effet, le pouvoir discrétionnaire que
cette loi confère à l'administration est immense, mais l'application n'en est pas nécessairement publique, et c'est sans éveiller le
moindre écho dans le pays, sans laisser passer
la moindre plainte, qu'elle peut atteindre, çà
et là, qui il lui plaît dans la foule de ceux qui
lui sont livrés. Je suppose, Messieurs, que le
jour où, selon la formule consacrée, vous avez
déclaré ne pas vous opposer à la promulgation
de cette loi, un d'entre vous se fût levé et qu'il
eût dit : « Puisque la dureté des temps nous
» oblige à laisser passer cette loi formidable,
» je demande, au moins, qu'un article y soit
» ajouté ; je demande qu'on assure à ceux que
» cette loi doit atteindre, non point la publicité
» des débats (puisqu'il n'y a point de débats),
» non point la liberté de la défense (puisqu'il
» n'y a point de défense), mais simplement

» cette publicité de la condamnation qui est
» assurée à tous les genres de criminels. Quoi!
» la justice, qui peut fermer ses portes pendant
» les débats, est forcée de les rouvrir pour pro-
» noncer la peine ; et l'administration investie
» exceptionnellement du pouvoir judiciaire ,
» pourrait frapper comme elle a jugé, en si-
» lence? Quoi! le *Moniteur* cite tous les jours
» les noms des marchands condamnés pour la
» fraude la plus légère, et il serait muet pen-
» dant sept années sur le sort des citoyens qui
» auraient été administrativement chassés de
» leurs foyers ! Pourquoi le *Moniteur* ne serait-
» il pas légalement obligé de nous tenir au
» courant de l'application de cette loi? Et qu'il
» dise en deux lignes :

« Un tel, qui se trouvait sous le coup de la loi de
» sûreté générale, en vertu de telle condamnation anté-
» rieure, vient d'être, par décision administrative, en
» date de tel jour, banni, déporté en tel lieu, ou interné
» en tel autre. »

« Vous ne refuserez pas, Messieurs, d'ajouter
» à cette loi cet article si nécessaire. Qui donc,
» parmi nous, après avoir voté pour cette loi,

» pourrait dormir d'un sommeil tranquille, en
» sachant que l'application lui en échappe, et
» qu'on ne pourra, désormais, répéter qu'à voix
» basse le nom de ceux qu'elle aura frappés ? »

A coup sûr, si quelqu'un avait tenu ce langage, je ne vous fais pas l'injure de croire qu'il n'eût pas trouvé de l'écho parmi vous. Aujourd'hui plus que jamais, au nom même des principes soutenus par notre gouvernement à Vienne, à Naples, à Rome et jusqu'en Valachie, vous êtes à même de réclamer et d'obtenir de lui une addition si juste à la loi de sûreté générale; et nous sommes persuadés qu'éveillée sur ce point, votre sollicitude ne s'arrêtera point que nous n'ayons obtenu l'accomplissement d'un vœu si modeste et à la fois si légitime.

Je n'ai pu cependant prononcer, même en passant, le nom de Rome, de Vienne et de Naples, sans que ma pensée n'embrassât aussitôt l'ensemble si curieux de nos relations extérieures. Un jour peut-être essaierai-je de les discuter en détail, et de soumettre à votre attention quelques considérations qui pourraient n'être pas tout à fait inutiles. Présentement ce travail me tente peu ; non pas que je ne me sente à mon aise pour vous ouvrir entièrement mon cœur. Je sais, en effet, que les résolutions d'un Souverain qui est à lui-même son premier ministre et que la Constitution déclare responsable, sont livrées à l'appréciation des citoyens ; et je suis trop habitué à prendre au sérieux toutes les lois, pour voir dans cette responsabilité de l'Empereur et dans le droit qui en découle de discuter ses actes, un piége tendu à ma bonne foi imprévoyante. Je ne fais pas au gouvernement cette injure ; mais si, pour traiter ces questions formidables, ma main est assez libre, mon esprit ne l'est pas autant.

Tandis qu'il y a des peuples pour qui la politique extérieure n'est le plus souvent qu'une sorte de diversion attrayante et volontaire à leurs propres affaires, d'autres nations voient au contraire leurs plus graves intérêts et leur sort même compromis, à chaque instant, par des événements qui leur sont étrangers. La France est, à cet égard, dans une position particulière.

hors.; mais il lui est difficile de s'en tenir à l'écart; et quand elle a une fois résolu de s'engager dans les complications européennes, il ne dépend plus d'elle d'y jouer un rôle effacé. Sa grandeur, ses intérêts, l'opinion qu'on a d'elle, la poussent forcément au premier rang. C'est son honneur, c'est aussi son danger ; car il entre également dans ses destinées d'exciter autour d'elle les plus vives sympathies ou les plus implacables jalousies. Comment ne serions-nous donc pas un peu troublé en voyant la fortune de notre pays peut-être irrévocablement engagée dans des événements qui échappent si complétement à son contrôle, et dans les périls mêmes que peut courir un allié qui méprise si ouvertement nos conseils? Il fait plus, Messieurs, que de les mépriser, il les calomnie en donnant à entendre qu'ils ne sont pas sincères. Rappel d'ambassadeur, dépêches menaçantes, déclaration qu'on s'opposera à telle ou telle invasion, il endure tout avec un perpétuel et tranquille sourire : ses généraux comme ses journaux, se plaisent à faire croire qu'ils savent à quoi s'en tenir, et qu'en faisant vite et bien ce qu'on leur

défend, ils ne courent pas le risque de déplaire
Quelque favorable que nous soyons à la liberté
des Italiens (nous qui sommes si préoccupé de
la nôtre), nous n'en sommes pas moins blessé
de voir ceux que blâme hautement le gouvernement de notre pays, affecter de le contrarier
dans tous ses desseins avec une si impertur-
bable et si injurieuse confiance.

Si de Turin nous portons nos regards vers
Rome, c'est un autre motif d'affliction pa-
triotique. Nous faisons profession d'être les
soutiens de l'Eglise catholique et du Saint-
Père. A Villafranca nous l'avions fait président honoraire de la Confédération italienne.
Tout le monde sait avec quelle vivacité nous
avons protesté contre l'invasion de ses Etats.
Nous lui avons envoyé renforts sur renforts.
Plus son territoire temporel diminue, plus il se
couvre de nos soldats. Il n'aura bientôt pour
serviteurs pieux et fidèles, que nos zouaves et
nos chasseurs d'Afrique. Cependant il ne paraît
pas être très-touché de notre assistance. Qu'il
est étrange à la fois et désolant de nous sentir
ainsi, avec toute notre puissance, si peu re-

doutés de ceux que nous menaçons et si mal remerciés par ceux que nous protégeons !

Que dire, cependant, au milieu de tant d'obscurités et d'incertitudes ? Ajoutez que la situation change chaque jour, et que discuter celle d'aujourd'hui, c'est raisonner sur les couleurs de l'arc-en-ciel qui tout à l'heure aura sans doute disparu. Pour vous, Messieurs, chargés, au dehors aussi bien qu'au dedans, de veiller au salut de l'Empire, la confiance que vous témoigne le chef de l'État vous permettra de pénétrer les mystères d'une volonté qui passe généralement pour impénétrable, et qui en est d'autant plus redoutée. Vous aurez rendu un service notable à notre pays et à l'Europe, également avides de la paix, si vous leur épargnez l'épreuve d'une guerre nouvelle. Votre tâche paraît, au premier abord, assez difficile, puisque l'Empereur a déclaré hautement, dans la lettre écrite à M. de Persigny, que la situation était bien *embrouillée*. Mais, une chose nous rassure, c'est que Sa Majesté a ajouté aussitôt, qu'il fallait que cette situation se dénouât, *n'importe comment*. Si la solution importe si peu, vous ne sauriez manquer d'en trouver une.

Vous n'oublierez pas cependant, Messieurs, que pour détourner vers nos affaires intérieures le funeste courant qui, depuis tant d'années, emporte au delà de nos frontières l'imagination et la bonne volonté du peuple français, il n'y a pas de moyens plus sûrs que d'entrer dans la voie qui vous est tracée par le gouvernement lui-même, et d'améliorer de plus en plus, dans un sens libéral, les institutions actuelles. En vous pressant de contribuer au maintien de la paix au dehors et à l'extension de nos libertés au dedans, nous ne faisons, le Ciel en est témoin, que solliciter par votre entremise l'exécution de deux promesses. On nous a dit que l'Empire et la paix étaient deux expressions équivalentes; et une fatalité, glorieuse je le veux bien, nous a sans cesse, depuis ce temps, mis les armes à la main ou menacés de la guerre. On nous a dit encore que la liberté serait le couronnement de l'édifice, et, de l'aveu de tous, l'édifice n'est point encore tout à fait couronné.

Couronnez-le définitivement, Messieurs;

c'est de vous que cela dépend. Quelle sera la forme de ce couronnement? Cela est en soi assez indifférent. Les formes de la liberté importent peu quand on en tient l'essence. Toutes les institutions seront les bien venues, qui assureront sincèrement le contrôle sérieux du pays dans ses propres affaires. Il est temps que le signal soit donné. Qu'on entende bientôt dans le Sénat, nous vous en prions, des discours analogues à ceux qui ont récemment honoré le grand Conseil de l'Autriche, et qui pourront peut-être sauver cet Empire qu'un gouvernement opiniâtre et superbe a mis sur le penchant de sa ruine. N'avez-vous point connaissance de ces discours? Quel honneur, quelle force pour nous si, à l'ouverture de votre session désormais publique, des paroles aussi libérales que celles du président du grand Conseil de Vienne tombaient inopinément de la bouche de votre honorable président M. Troplong ; si Mgr le cardinal Morlot se mettait à parler un beau matin sur l'indépendance de l'Eglise comme faisait naguère l'archevêque de Vienne ; si M. Mimerel de Roubaix devenait un partisan de la liberté de la presse aussi décidé que le transylvain M. Maager ! L'Autriche a entendu tous ces discours avec une surprise mêlée d'espérance. Voilà d'honnêtes conseillers ! Leur maître n'a point jadis insisté pour établir chez les Moldaves la responsabilité des ministres ; son ambassadeur ne s'est point exposé par son ordre à recevoir des coups de bâton pour imposer à quelque souverain dans l'embarras une constitution libérale. Ils ont parlé cependant ; et voyant des constitutions libérales semées à profusion par le monde, ils n'ont pas cru que le descendant des Hapsbourg dût s'attarder outre mesure en route.

Le gouvernement ne vous a-t-il pas déjà maintes fois sollicités lui-même à l'action ? ne vient-il pas de vous sommer publiquement de lui proposer les réformes que vous jugerez nécessaires ? Il ne l'eût pas fait, que cela ne diminuerait en rien votre responsabilité ni vos devoirs. Napoléon Ier n'avait rien demandé de semblable à ses Sénateurs, et vous savez comment il les a flétris plus tard pour ne lui avoir pas offert d'eux-mêmes des conseils qu'il n'avait jamais sollicités. En quels termes n'a-t-il pas cru pouvoir parler de cette célèbre et malheureuse assemblée :

« Le Sénat se fonde sur les articles de la Constitution
» pour la renverser; il ne rougit pas de faire des repro-
» ches à l'Empereur, sans remarquer que comme pre-
» mier corps de l'État il a pris part à tous les événe-
» ments. Il est allé si loin qu'il a osé accuser l'Empereur
» d'avoir changé les actes dans leur publication. Le
» monde entier sait qu'il n'avait pas besoin d'un tel arti-
» fice : un signe était un ordre pour le Sénat, qui tou-
» jours faisait plus qu'on ne désirait de lui... Si long-
» temps que la fortune s'est montrée fidèle à leur Sou-
» verain, ces hommes sont restés fidèles, et nulle plainte
» n'a été entendue sur les abus du pouvoir. Si l'Empe-
» reur avait méprisé les hommes comme on le lui a re-
» proché, alors le monde reconnaîtrait aujourd'hui qu'il
» a eu des raisons qui motivaient son mépris (1). »

Voilà les cruels reproches qu'il vous faut éviter. Nous serions aise qu'on pût porter sur vous un jugement tout contraire, et qu'un jour la postérité dît en parlant du Sénat du deuxième Empire : Il a réhabilité le Sénat du

(1) Ordre du jour à l'armée, Fontainebleau, 5 avril 1814.

premier Empire. C'est en quoi nous nous ef-
forcerons de venir à votre aide. A nous donc
la tâche modeste d'exposer exactement les faits
et d'étudier humblement les questions. A vous
le soin d'aviser et l'honneur d'avertir qui de
droit. Ce que de généreux citoyens ont osé
faire naguère à Vienne pour la cause de la
liberté de leur pays, le nôtre attend avec confiance que vous le fassiez maintenant pour lui,
et c'est justice; car, en vérité, la France vaut
l'Autriche. Encore une fois, relisez ce qui s'est
dit à Vienne, relisez la note du *Moniteur* du
11 janvier 1856 et tâchez, en la méditant,
de bien *comprendre votre mission.* Nous vous
promettons de ne point faillir à la nôtre.

FIN.

www.ingramcontent.com/pod-product-compliance
Lightning Source LLC
Chambersburg PA
CBHW051727050726
47598CB00003B/1078